Being a Superhero
Een superheld zijn

Liz Shmuilov

Illustrated by Mary K. Biswas

www.kidkiddos.com
Copyright ©2019 by KidKiddos Books Ltd.
support@kidkiddos.com

All rights reserved. No part of this book may be reproduced in any form or by any electronic or mechanical means, including information storage and retrieval systems, without written permission from the publisher, except in the case of a reviewer, who may quote brief passages embodied in critical articles or in a review.

Alle rechten voorbehouden. Niets uit deze uitgave mag worden verveelvoudigd, opgeslagen in een geautomatiseerd gegevensbestand, of openbaar gemaakt, in enige vorm of op enige wijze, hetzij elektronisch, mechanisch, door printouts, kopieën, of op welke andere manier dan ook, zonder voorafgaande schriftelijke toestemming van de uitgever.

First edition, 2019

Translated from English by Marcella Oleman
Vertaald vanuit het Engels door Marcella Oleman
Dutch editing by Elisabeth Meurs
Nederlandse correcties door Elisabeth Meurs

Library and Archives Canada Cataloguing in Publication
Being a Superhero (English Dutch Bilingual Edition)/ Liz Shmuilov
ISBN: 978-1-5259-1471-3 paperback
ISBN: 978-1-5259-1472-0 hardcover
ISBN: 978-1-5259-1470-6 eBook

Please note that the Dutch and English versions of the story have been written to be as close as possible. However, in some cases they differ in order to accommodate nuances and fluidity of each language.

Hi friends! My name is Maya. I am a lizard. I want to tell you a story about my best friend Ron the frog, who became a superhero.

Hoi vrienden! Mijn naam is Maya. Ik ben een hagedis. Ik wil je een verhaal vertellen over mijn beste vriend Ron de kikker, die een superheld werd.

One summer day, I was at Ron's house watching our favorite superhero show.

Op een zomerdag zat ik bij Ron thuis onze favoriete superheldenserie te kijken.

"You know," Ron said suddenly, "it would be cool to be a superhero. Then we would be able to help others!"

"Weet je", zei Ron plotseling, "wat zou het tof zijn om een superheld te zijn. Dan konden we andere helpen!"

"That's a great idea!" I replied, millions of thoughts racing through my mind. "I could be your coach and teach you all the things a superhero needs to know!"

"Dat is een geweldig idee!" antwoordde ik. Miljoenen gedachten gingen door me heen. "Ik kan je trainer zijn en je alle dingen leren die een superheld moet weten!"

As he heard this, a look of hope appeared on Ron's face.

Toen hij dat hoorde, verscheen er hoop op Rons gezicht.

"But every superhero needs a superpower," he said quietly.

"Maar iedere superheld heeft een superkracht nodig", zei hij snel.

I thought for a moment. "Your superpower can be your talent in long jumps! Oh, and your sticky hands!"

Ik dacht even na. "Jouw superkracht kan jouw gave voor grote sprongen zijn! Oh, en je kleverige handen!"

"Yes!" Ron jumped with excitement.

"Ja!" Ron sprong vol van opwinding op.

"Now we need a costume. Something everyone will recognize," I said.

"Nu hebben we een kostuum nodig. Iets wat iedereen zal herkennen", zei ik.

Ron ran to his room and brought out a red shirt. "We can color a big star on this shirt!"

Ron rende naar zijn kamer en kwam terug met een rood T-shirt. "We kunnen een grote ster op dit T-shirt kleuren!"

"Great idea!" I smiled. "How about a cape?"

"Goed idee!" glimlachte ik. "Wat dacht je van een cape?"

"We can use my favorite blanket!" exclaimed Ron. His eyes sparkled.

"We kunnen mijn favoriete deken gebruiken!" riep Ron. Zijn ogen glinsterden.

We got straight to work, drawing and painting on Ron's shirt.

We gingen direct aan het werk en we tekenden en verfden op Rons shirt.

"It looks amazing! You will look like a real superhero!" I said when we finished.

"Het is prachtig! Je zult eruitzien als een echte superheld!" zei ik toen we klaar waren.

The next morning, we met at the park and started practicing.

De volgende ochtend spraken we af in het park en begonnen we met oefenen.

"Today, I will teach you a few important things every superhero needs to know: The Three Superhero Rules."

"Vandaag zal ik je een paar belangrijke dingen leren die iedere superheld moet weten: De Drie Superhelden-Regels."

We sat down on the bench and I explained the rules to Ron.

We gingen op het bankje zitten en ik legde Ron de regels uit.

"Rule number one: never give up, no matter how difficult the situation gets."

"Regel nummer één: geef nooit op, hoe moeilijk de situatie ook wordt."

"Rule number two: learn from your mistakes, so that you can do better next time."

"Regel nummer twee: leer van je fouten, zodat je het de volgende keer beter kunt doen."

"Rule number three: always remember that you can do anything!"

"Regel nummer drie: onthoud altijd dat je alles kunt!"

We worked on memorizing the rules and then headed back to my house.

We werkten aan het onthouden van de regels en gingen daarna terug naar mijn huis.

When we got home, we met my little brother Danny. He looked upset.

Toen we thuiskwamen, kwamen we mijn kleine broertje Danny tegen. Hij leek overstuur.

"I can't find my favorite toy!" he cried loudly.

"Ik kan mijn favoriete speelgoed niet vinden!" huilde hij luidkeels.

I glanced at Ron and whispered, "This seems like a mission for a Superhero!"

Ik wierp een vluchtige blik op Ron en fluisterde, "Dit lijkt me een missie voor een Superheld!"

Ron smiled and nodded. "What does the toy look like?" he asked.

Ron glimlachte en knikte. "Hoe ziet je speelgoed eruit?" vroeg hij.

"It's my stuffed toy, the lion, from the superhero TV show," explained Danny. "It's big and soft."

"Het is mijn knuffel, de leeuw, van de superheldenserie", legde Danny uit. "Hij is groot en zacht."

"Don't worry. We will find it," Ron assured him, and we began our first mission.

"Geen zorgen. We vinden hem wel", verzekerde Ron hem en we begonnen aan onze eerste missie.

We looked everywhere—in closets, beside cupboards, behind tables and under chairs. The toy was nowhere to be found.

We zochten overal – in kledingkasten, naast ladekasten, achter tafels en onder stoelen. De knuffel was nergens te vinden.

"You two should go look in the backyard, and I'll keep searching here," Ron suggested.

"Kijken jullie twee in de achtertuin, dan blijf ik hier zoeken", stelde Ron voor.

Just as Danny and I stepped outside, we heard Ron's voice. "I found it! I found it!"

Net toen Danny en ik naar buiten liepen, hoorden we de stem van Ron. "Ik heb hem gevonden! Ik heb hem gevonden!"

We ran to him and looked down at the small object in his hand.

We renden naar hem toe en keken naar het kleine object in zijn hand.

"That's not the lion I was talking about," Danny frowned. "My toy is big and soft, but this one is small and wooden."

"Dat is niet de leeuw die ik bedoelde", fronste Danny. Mijn knuffel is groot en zacht, maar deze is klein en van hout."

Ron's face fell at first, but a look of determination quickly replaced the disappointment.

Eerst sloeg Ron zijn ogen neer, maar zijn teleurstelling werd snel vervangen door een blik van vastberadenheid.

"No worries," he said. "Superhero rule number one: Never give up!"

"Geen zorgen", zei hij. "Superheldenregel nummer één: Geef nooit op!"

"Rule number two," I added, "Learn from your mistakes. We are looking for a BIG, SOFT, stuffed toy."

"Regel nummer twee", voegde hij toe, "Leer van je fouten. We zoeken een grote, zachte knuffel."

"Soft and big. Got it!" Ron replied.

"Zacht en groot. Oké!" antwoordde Ron.

"And rule number three," I said. "Who can do anything?"

"En regel nummer drie", zei ik. "Wie kan alles?"

"I'm a Superhero and I can do anything!" yelled Ron enthusiastically.

"Ik ben een Superheld - en ik kan alles!" schreeuwde Ron enthousiast.

"We have to think like superheroes," he continued. "If the toy is not in the house, it must be somewhere outside. It's not like it can fly away!"

"We moeten als superhelden denken", ging hij door. Als de knuffel niet in huis ligt, moet hij ergens buiten liggen. Het is niet alsof hij weg kan vliegen!"

Ron giggled and looked up to the sky, but suddenly froze.

Ron giechelde en keek naar boven, maar plotseling verstijfde hij.

"What are you staring at?" I wondered, looking up also.

"Waar staar je naar?" vroeg ik me af en ik keek ook omhoog.

Ron pointed to the top of our big apple tree.

Ron wees naar de top van onze grote appelboom.

"Is that...?" I began to mumble.

"Is dat ...?" Ik begon te mompelen.

"My toy! You found it, Ron!" Danny exclaimed.

"Mijn knuffel! Je hebt hem gevonden, Ron!" riep Danny uit.

"But how will we get it from the tree?" he added quietly.

"Maar hoe krijgen we hem uit de boom?" zei hij snel.

"Ron can get it easily," I said. "He can use his powers — his sticky hands and super long jumps."

"Ron kan hem makkelijk pakken", zei ik. "Hij kan zijn krachten gebruiken – zijn kleverige handen en supergrote sprongen."

Ron took a deep breath and began climbing the tree, jumping from branch to branch.

Ron nam een diepe zucht en begon de boom in te klimmen, springend van de ene tak naar de andere tak.

He reached the toy and very soon, got down and handed it to my brother.

Hij greep de knuffel en al snel kwam hij weer beneden en gaf hem aan mijn broertje.

"You're my hero!" Danny laughed and gave Ron a big hug.

"Je bent mijn held!" Danny lachte en gaf Ron een dikke knuffel.

"Actually, Maya is the real hero," Ron corrected him.
"She taught me everything I know!"

"Eigenlijk is Maya de echte held", corrigeerde Ron hem.
"Zij leerde mij alles wat ik weet!"

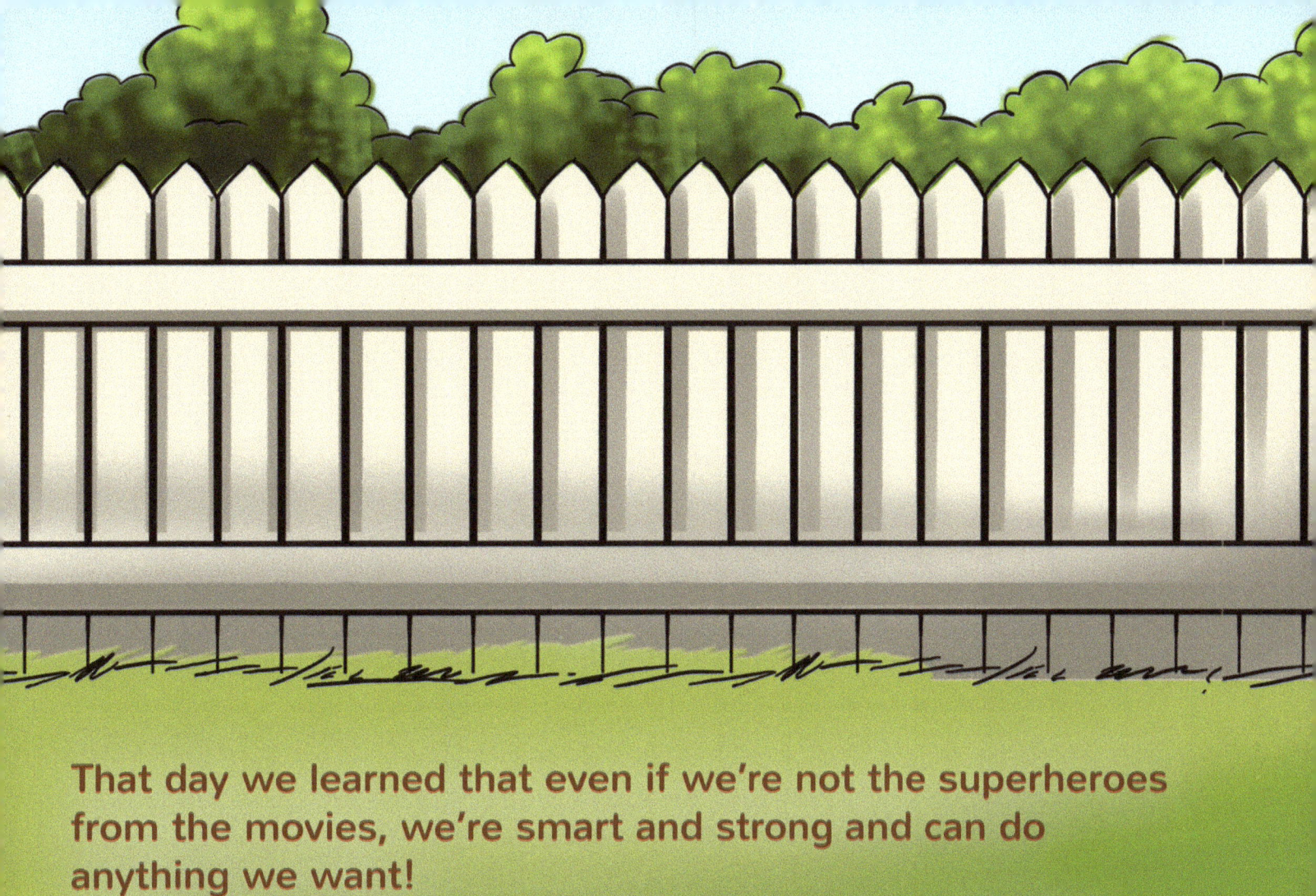

That day we learned that even if we're not the superheroes from the movies, we're smart and strong and can do anything we want!

Die dag leerden we dat, zelfs als we niet de superhelden zoals uit de films zijn, we slim en sterk zijn en we alles kunnen doen wat we willen!

And remember, you are a Superhero too!

En onthoud, jij bent ook een Superheld!